Alexey Imamov

Verfahren und Vorrichtungen zur Bildung von Rehabilitationsprozessen

Alexey Imamov

Verfahren und Vorrichtungen zur Bildung von Rehabilitationsprozessen

Anwendung von künstlicher Intelligenz und künstlichen neuronalen Netzen für die Rehabilitation

Trainerverlag

Imprint
Any brand names and product names mentioned in this book are subject to trademark, brand or patent protection and are trademarks or registered trademarks of their respective holders. The use of brand names, product names, common names, trade names, product descriptions etc. even without a particular marking in this work is in no way to be construed to mean that such names may be regarded as unrestricted in respect of trademark and brand protection legislation and could thus be used by anyone.

Cover image: www.ingimage.com

Publisher:
Der Trainerverlag
is a trademark of
Dodo Books Indian Ocean Ltd., member of the OmniScriptum S.R.L Publishing group
str. A.Russo 15, of. 61, Chisinau-2068, Republic of Moldova Europe
Printed at: see last page
ISBN: 978-3-8417-5969-6

Alexey Imamov

Methoden und Geräte zur Gestaltung von Prozessen komplexer funktioneller und physiologischer Rehabilitation unter Verwendung von Elementen künstlicher Intelligenz und künstlicher neuronaler Netze

In einer modernen Gesellschaft, die vielfältige Optionen zur integrierten, vielseitigen Entwicklung einer innovativen Wirtschaft vor allem in Bereichen rund um Smart Industries und Technologien umsetzt und organisiert, entstehen Stressbelastungen aller Art, die von den aktivsten Organisatoren von Projektentwicklungsprozessen und Erzeugern ausgehen Neue technische und kommerzielle Ideen, die auf die Optimierung und Beschleunigung von Entwicklungsprozessen abzielen, erfordern eine angemessene Reaktion und unauffällige, aber äußerst zuverlässige und natürliche Technologien und Spezialgeräte für die Rehabilitation

Tischsportspiele sind eine der wichtigsten und vielversprechendsten Quellen für umfassende Rehabilitationstechnologien.

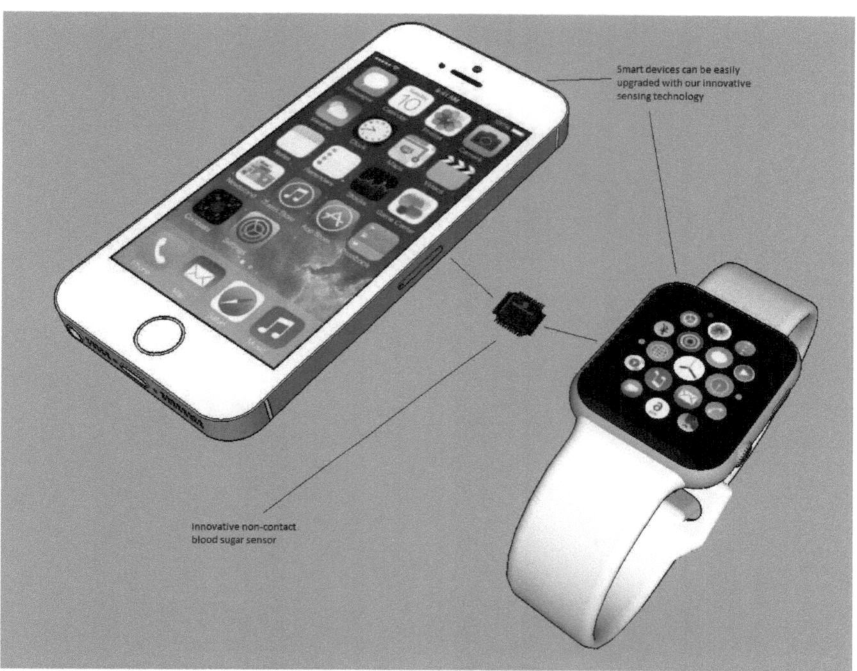

Abbildung 1 – Die Abbildung zeigt ein Modell von Systemsteuerungs- und Regulierungskomplexmodellsubsystemen, die berührungslose resonante Sensoren als dynamische Verbindungen zwischen einem sich bewegenden gesteuerten Objekt und mobilen Kommunikationsmitteln verwenden, die nach den Prinzipien der elektromagnetischen Resonanzspektroskopie arbeiten und unterschiedliche Designs haben

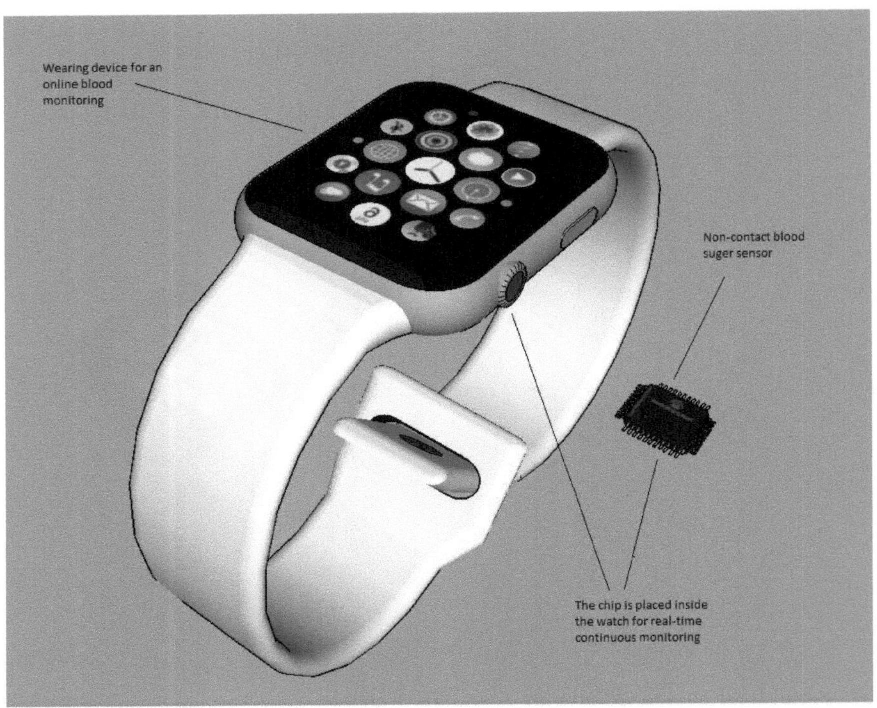

Abbildung 2 – Die Abbildung zeigt auch ein Modell von Systemsteuerungs- und Regulierungskomplexmodellsubsystemen, die als dynamische Verbindungen zwischen einem sich bewegenden gesteuerten Objekt und mobilen Kommunikationsgeräten in Form von Smart Watches berührungslose Resonanzsensoren verwenden, die nach den Prinzipien der elektromagnetischen Resonanz arbeiten Spektroskopie und mit unterschiedlicher Designleistung

Bei den sogenannten Smartwatches ist das Sensordesign - eine Flachspule, - eine elektronische Mikroplatine mit der ursprünglichen Topologie eines Flachmagneten

Ein solcher Sensor erhält Energie von der Uhrenbatterie und befindet sich ständig im Überwachungsmodus der Parameter des Körpers des Tischtennisspielers.

Gleichzeitig können im Echtzeit-Monitoring mehrere wichtige Parameter gemessen werden, die durch die zu intensive Natur des Spiels beeinflusst werden können. – zum Beispiel: Blutzuckerkonzentration, Blutdruck usw.

Von besonderer Bedeutung sind diese Anwendungen bei der Integration in Softwaresysteme des gesamten Rehabilitationskomplexes von Elementen künstlicher Intelligenz und künstlicher neuronaler Netze.

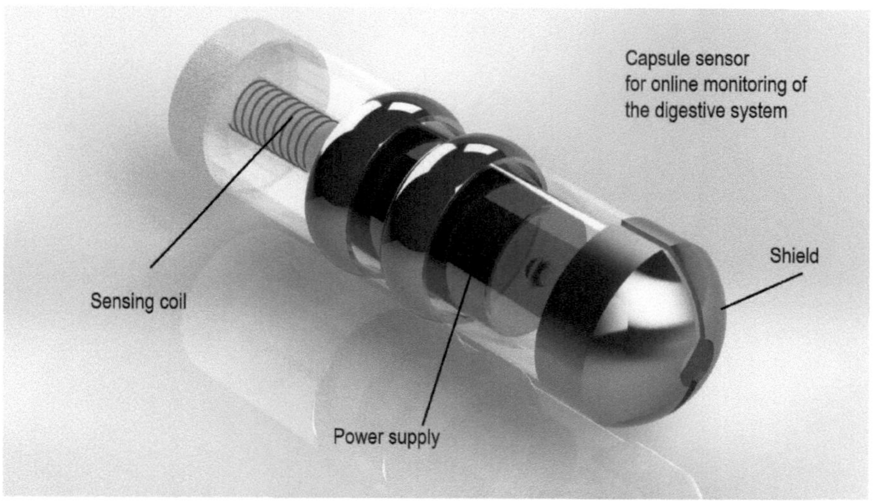

Abbildung 3, - Die Abbildung zeigt auch ein Modell eines integrierten Sensors, der in das axiale Loch des Griffs eines Tischtennisschlägers eingeführt wird

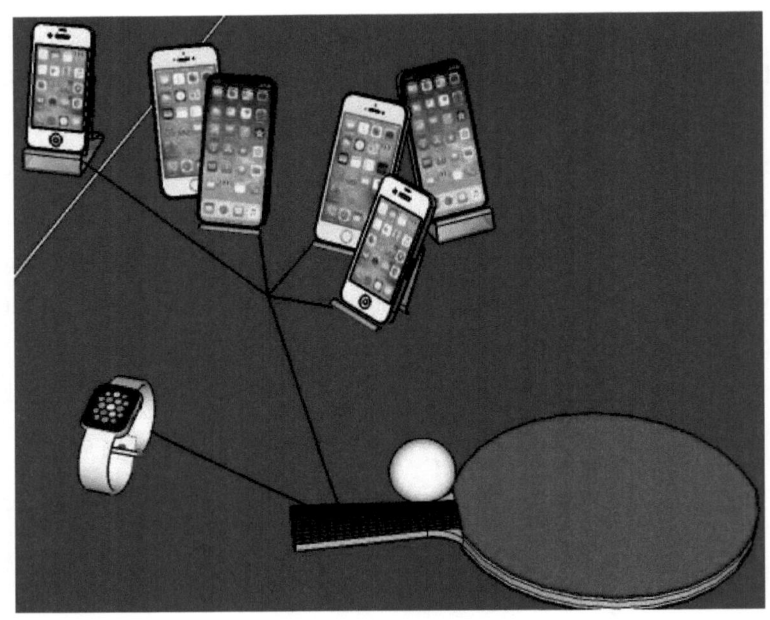

Abbildung 4, - Die Abbildung zeigt auch das Modell

Abbildung 5, - Die Abbildung zeigt auch das Modell

Abbildung 6, - Die Abbildung zeigt auch das Modell

Abbildung 7, - Die Abbildung zeigt auch das Modell

Abbildung 8, - Die Abbildung zeigt auch das Modell

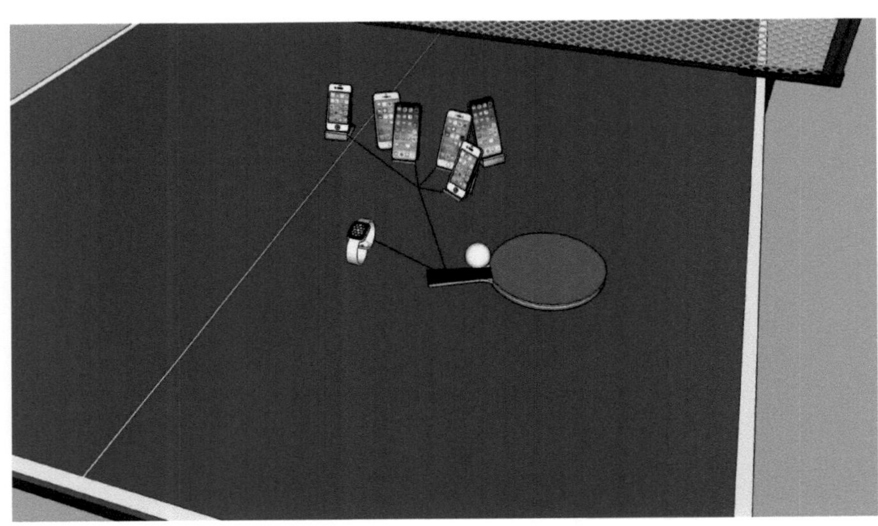

Abbildung 9, - Die Abbildung zeigt auch das Modell

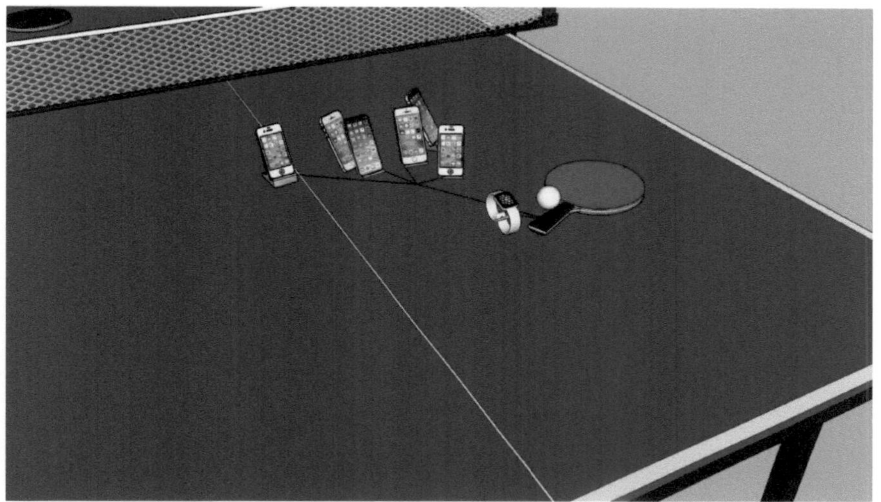

Abbildung 10, - Die Abbildung zeigt auch das Modell

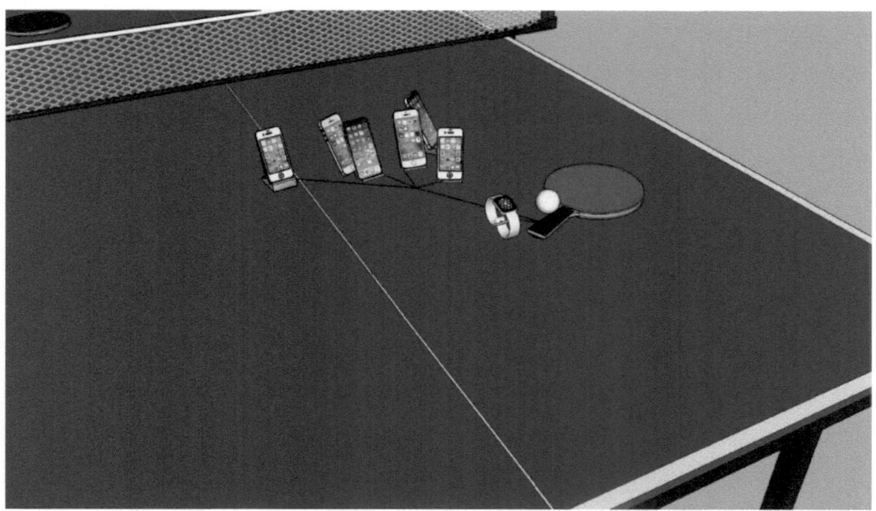

Abbildung 11, - Die Abbildung zeigt auch das Modell

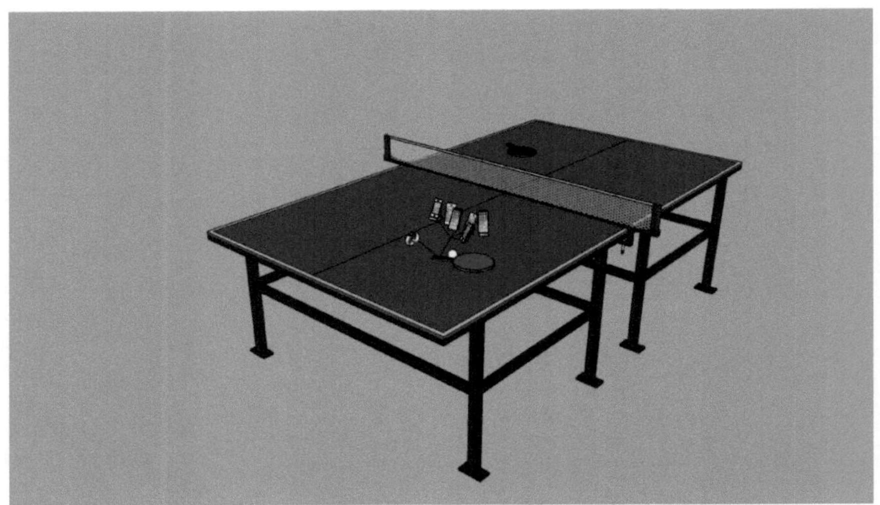

Abbildung 12, - Die Abbildung zeigt auch das Modell

Wer Tischtennis für einen leichten Sport hält, täuscht sich. Obwohl, wie es scheint, zwei Personen stehen und sich gegenseitig einen Ball zuwerfen. Nun, was kann hier schwierig sein? Das denken nur die, die noch nie Tischtennis gespielt haben.

Tatsächlich entwickelt "Ping-Pong" nicht nur viele körperliche, sondern auch moralische und willentliche Qualitäten. Dies ist Stärke und Geschicklichkeit und Reaktionsgeschwindigkeit und die Fähigkeit, die Situation am Spieltisch vorherzusagen und zu antizipieren. Tennis fördert auch die Feinmotorik. Aber betrachten wir alles in Ordnung.

In einer Sportart wie Tischtennis wird keine Kraft im eigentlichen Sinne entwickelt. Natürlich sind beim Tennisspielen die Armmuskeln nicht die gleichen wie bei Bodybuildern. Aber die Muskeln werden zweifellos stärker, da das Schultergelenk, der Bizeps und der Trizeps sowie die Muskeln der Hände arbeiten.

Kraft bezieht sich hier auf die Bewegungskraft der Hand. Wenn es darum geht, einen Gegner scharf anzugreifen, ihn am Tisch zu überrumpeln, dann müssen die Schläge auf den Ball kräftig und stark sein, das heißt so, dass der Gegner nicht rechtzeitig darauf reagieren kann. Hinzu kommt die Arbeit der Beinmuskulatur, die ständig in Bewegung und Spannung ist.

Was Agilität und Reaktionsschnelligkeit betrifft, entwickelt Tischtennis diese Eigenschaften perfekt. In der Tat fliegt der Ball bei einem guten Spiel sehr schnell, daher ist es notwendig, mit der ganzen Geschicklichkeit und Geschwindigkeit zu handeln, zu der der Spieler fähig ist, um keine Punkte zu verlieren.

Normalerweise entwickelt sich die Situation am Tisch augenblicklich, daher ist es auch notwendig, eine gewisse Fähigkeit zu haben, die Zukunft vorherzusehen. Und buchstäblich im Bruchteil einer Sekunde, um die Aktion des Gegners vorherzusagen, der Flugrichtung des Balls und der Aufprallkraft vorauszugehen, den Aktionsplan aufzudecken und zu täuschen, was bedeutet zu schlagen.

Eine sehr große Last in diesem Spiel fällt auf die Füße der Spieler. Die Beine leisten hervorragende Arbeit, um den Athleten um den Tisch zu bewegen, ihre Arbeit ist ein wichtiger Faktor im Spiel und beim Erreichen des gewünschten Sieges. Daher ist es nicht verwunderlich, dass die Beinmuskulatur von Tennisspielern sehr gut trainiert ist, was die Leistung in anderen Sportarten, wie dem Laufen, deutlich verbessern kann. Dadurch kann Tischtennis in das Trainingssystem einiger Athleten aus anderen Sportarten aufgenommen werden.

Und natürlich bringt Tischtennis eine enorme heilende Wirkung auf das Herz-Kreislauf- und Atmungssystem. Schließlich werden die Herzmuskeln beim Wechsel von einer Tischkante zur anderen einer Belastung ausgesetzt, die mit dem Laufen über unwegsames Gelände vergleichbar ist. Und je besser das Herz trainiert ist, desto geringer ist das Risiko für Herzerkrankungen.

Auch die Atemwege können sich bei intensivem Spiel entwickeln und sehr wohltuend wirken. Es gibt eine ständige Belüftung der Lunge, ihre Arbeit verbessert und trainiert.

Die positive Wirkung des Unterrichts auf das menschliche Sehsystem ist nicht zu übersehen. Besonders nützlich ist dieser Sport für diejenigen, die viel Zeit am Computer verbringen. Die Augen sind ständig überanstrengt und müde. Beim Tennisspielen wird die Augenmuskulatur trainiert, denn die Augen müssen der schnellen Bewegung des Balles folgen, sowie Zeit haben zu reagieren und gleichzeitig die Aktionen des Gegners noch beobachten.

Nun, "Ping-Pong" hat zweifellos einen großen Einfluss auf die Bewegungskoordination, denn Sie müssen Zeit haben, um den fliegenden Ball zu treffen, und dafür können Sie auf genaue und koordinierte Bewegungen des ganzen Körpers einfach nicht verzichten.

Tischtennis entwickelt nicht nur persönliche, sondern auch geschäftliche Qualitäten im Charakter eines Menschen.

Tischtennis ist auch für Menschen mit Herz-Kreislauf- und Atemwegsbeschwerden sinnvoll. Die heilende Wirkung, die sich positiv auf diese

Körpersysteme auswirkt, wurde bei der Durchführung einzigartiger Lektionen mit der betreffenden Patientenkategorie nach der Methode meines Autors nachgewiesen.

Mal sehen, was die Bedeutung ist. Während des Spiels, wenn sich der Spieler von einer Tischkante zur anderen bewegt, werden die Herzmuskeln belastet, vergleichbar mit der Belastung während des Laufens. Die Vorteile des Herztrainings sind folgende: Je besser Sie den Herzmuskel trainieren, desto geringer ist das Risiko für Erkrankungen des Herz-Kreislauf-Systems, einschließlich des Auftretens von Herzinfarkten. Dieses Problem ist unter den gegenwärtigen Bedingungen sehr relevant, da Herz-Kreislauf-Erkrankungen den ersten Platz unter den Todesursachen der Bevölkerung einnehmen.

Welche Vorteile hat Tischtennis für das Atmungssystem des Körpers?Dank der Atembewegungen erfolgt eine konstante Belüftung der Lunge, deren Indikator das Atemminutenvolumen (MOD) ist - die Luftmenge, die in 1 Minute durch die Lunge strömt. In Ruhe beträgt die MOD 5-8 Liter und während des Trainings steigt sie und erreicht 150-180 Liter. Normalerweise verbraucht eine Person in Ruhe 200-300 ml Sauerstoff pro Minute. Beim Tennisspielen steigt der Sauerstoffverbrauch auf 2-3 l/min. Und das ist natürlich. Muskelarbeit ist ohne Erhöhung des Gasaustausches undenkbar, da dem Prozess der Oxidation organischer Substanzen Energie entzogen wird. Auch bei geringer körperlicher Anstrengung werden Atemveränderungen deutlich zum Ausdruck gebracht. Bei leichter Arbeit erhöht sich der Gasaustausch um das 2-3-fache, bei schwerer Arbeit um das 20-30-fache. Ein Nichtsportler macht 14√18 Atemzüge pro Minute. Beim Tennisspielen kann diese Zahl 30-40 betragen. Bei erheblicher körperlicher Aktivität nimmt die Lungenventilation zu, was zu einer Erhöhung des Eindringens von Sauerstoff in das Blut führt. Gleichzeitig wird aus jedem Liter Atemluft mehr Sauerstoff verbraucht

(4-6%) als im Ruhezustand (3-4%). Mit zunehmender Belastung steigt auch die Blutflussrate. In Ruhe fließen also in 1 Minute 4-5 Liter Blut durch das Herz. Aber beim Tennis ist er in der Lage, bis zu 35 Liter Blut pro Minute zu pumpen. Auch die Herzfrequenz (HF) hat einen großen Einfluss auf die Durchblutung. In Ruhe liegt die Herzfrequenz zwischen 50 und 80 Schlägen / min, bei Belastung steigt sie deutlich an. Für Tennisspieler beträgt die Herzfrequenz während des Aufwärmens 120-140 Schläge / min, nach dem Aufschlag mit Zugang zum Netz und einem kurzen Ziehen eines Punktes - 150-170 Schläge / min nach der "acht" -Übung auf der hinteren Linie - 172-190 Schläge / min. Die angeführten Beispiele zeigen dass die Belastung von Tennisspieler-Athleten während Wettkämpfen und Trainingseinheiten ziemlich groß ist. Es wird von hohen Pulsfrequenzen begleitet.

Die Einzigartigkeit von Tischtennis liegt auch darin, dass sich auch das menschliche Sehsystem verbessert. Und das gilt besonders für diejenigen, die viel Zeit am Computer verbringen, zum Beispiel IT-Mitarbeiter. Durch die regelmäßige Arbeit am Computer sind sie ständig überfordert und müde. Beim Tischtennisspielen nach meiner Autorenmethode wird die Augenmuskulatur trainiert. Betrachten wir den Prozess genauer. Während des Spiels müssen die Augen der schnellen Bewegung des Balls folgen, reagieren und gleichzeitig die Aktion des Gegners beobachten. Das heißt, die Augenmuskeln müssen auf mehrere verschiedene Punkte fokussiert werden. Und gemäß der Technologie meines Autors für ihr Training zeige ich während des Aufwärmens eine so einzigartige Figur der Ballberührung, bei der der Gegner den Ball zurückgeben muss.

Tischtennis wirkt sich auch positiv auf das Geschäft aus, insbesondere auf Geschäftsleute und Unternehmer, die sich regelmäßig in Situationen befinden, in denen sie fast sofort Entscheidungen treffen müssen. Tennis ist ein sehr schneller

Sport, die Situation kann sich buchstäblich in Sekundenbruchteilen ändern. Deshalb müssen Sie hier in der Lage sein, fast bedenkenlos die richtigen Entscheidungen zu treffen. Geschäftsleute, die ein Hobby wie Tischtennis haben, haben gewisse Vorteile.

Die Entwicklung der Willenskraft, um einen lang ersehnten Sieg zu erringen, ist ein wesentlicher Bestandteil des Charakters aller großen „Geschäftsmagnaten“. Sie brauchen auch die Fähigkeit, niemals aufzugeben und sich dann immer mehr Ziele auf dem Weg zu zukünftigen Höhen zu setzen. Also im Tischtennis, auch wenn es nicht um Wettkampf und Training geht, sondern einfach um Zeit mit Freunden oder der Familie zu verbringen, ist der Wille zu gewinnen eine der wichtigsten Eigenschaften eines Spielers.

Wir weisen auch auf einige der Vorteile hin, die Geschäftsleute aus der Gewohnheit ziehen, Tischtennis mit der Technologie meines Autors zu spielen. Erstens entwickelt sich im Laufe des Wartens auf den Sieg Willenskraft, einschließlich solcher Charaktereigenschaften wie Ausdauer und Ausdauer. Diese Qualitäten sind wichtig und grundlegend während der Trainingszeit sowie während der Zeit des Erreichens des gewünschten Ergebnisses, nämlich des Sieges. Tischtennis lehrt dich, niemals aufzugeben und dir immer mehr Ziele zu setzen, um die begehrten Gipfel zu erobern.

Ein charakteristisches Merkmal des Tischtennis ist eine deutliche Verbesserung der Funktion der sensorischen Systeme mit zunehmender Fitness des Sportlers. Dies liegt an der Notwendigkeit, im Laufe des Ringkampfs eine große Menge an Informationen über den sich schnell ändernden Zustand des Sportlers selbst und die Spielsituation zu erhalten und effektiv zu verarbeiten. Zunächst einmal verbessern Tennisspieler ihren visuellen Analysator, durch den etwa 80 % der

Informationen eingehen. Sportler erhöhen die Geschwindigkeit der Informationsverarbeitung während einer einfachen und komplexen motorischen Reaktion, verbessern die Fähigkeit, die Tiefe des Sichtbaren einzuschätzen, und erweitern auch das Sichtfeld. Positive Verschiebungen werden in der Funktionsweise anderer Analysatoren festgestellt. Besonders signifikante Veränderungen sind mit der Aktivität des Vestibularapparates verbunden. Schnelle Bewegungen eines Athleten im Weltraum, scharfe Kurven und Unebenheiten irritieren die Rezeptoren des sensorischen Systems fast ununterbrochen. Aufgrund seiner unzureichenden Stabilität treten Probleme mit der Genauigkeit der motorischen Aktionen des Athleten auf, was die Mobilisierung der internen Ressourcen des Systems erzwingt. Im Verlauf der sportlichen Verbesserung entwickeln Tennisspieler spezifische Empfindungen: ein „Ferngefühl", ein „Ballgefühl" usw. treten auf. Solche Empfindungen sind besonders akut bei Sportlern, die in guter Verfassung sind, und verblassen oder bilden sich bei unzureichendem Training oder Übertraining nicht. Dieses Phänomen ist mit Müdigkeit verbunden, es ist eine vorübergehende Leistungsminderung, die durch intensive oder längere Aktivität verursacht wird. Es äußert sich vor allem in der Verschlechterung der Genauigkeit motorischer Aktionen,

Die Effizienz der Beschaffung und Verarbeitung von Informationen durch einen Tennisspieler ist mit einer Reihe psychophysiologischer Indikatoren verbunden, wie z. B. der Geschwindigkeit des operativen Denkens und der Verteilung der Aufmerksamkeit. Im Allgemeinen gehört Tischtennis (persönliches Mannschaftssportspiel) zur Gruppe der situativen (Nicht-Standard-) Sportarten (das Spiel, die Aktionen der Athleten werden in Übereinstimmung mit den Aktionen des Gegners bestimmt). Gleichzeitig können die Aktionen des Athleten stereotyp sein (Speed-Power-Strikes usw.). Dadurch wird die Wahrscheinlichkeit der Verwendung von Wiederholungen von Situationen, Spielmomenten und Techniken vorgegeben. Grundlage ist jedoch die Reaktion auf veränderte Situationen und Bedingungen.

Extrapolation, d.h. Eine Art Voraussicht, das Vorwegnehmen kommender Ereignisse auf der Grundlage bereits im Gedächtnis vorhandener alltäglicher oder spezieller Informationen, ist der wichtigste Mechanismus für das Funktionieren des Nervensystems eines Tischtennisspielers.

Seine unzureichende Entwicklung schränkt die Effektivität der Spielaktivität ein, insbesondere bei situativen motorischen Reaktionen. Die Programmierung angemessener Reaktionen, die Antizipation und Extrapolation erfordern, wird durch unzureichende Automatisierung von Bewegungen behindert, insbesondere wenn sie sehr komplex sind, und kann sich unter dem Einfluss verwirrender Reize verschlechtern. Allerdings ist zu bedenken, dass der Einfluss verwirrender Reize beim wiederholten Durchlaufen gleicher Situationen deutlich abgeschwächt wird. Die Extrapolation ermöglicht es einem Tennisspieler, sehr komplexe Situationen, die in einer sich schnell ändernden Umgebung des Wrestlings auftreten, effektiv zu lösen. Die Hochrechnungsfähigkeit hängt in hohem Maße von seiner sportlichen Erfahrung ab. Allgemein, Erfahrenere Spieler können eher die Art der Aktion des Gegners vorhersagen und die notwendigen taktischen und technischen Methoden finden, um ihnen entgegenzuwirken. Obwohl die Fähigkeit zur Extrapolation in einem hohen Prozentsatz der Fälle durch genetische Faktoren bestimmt wird, ist es unbestreitbar, dass die Extrapolation durch Training erzogen wird. Je höher die Bandbreite an taktischen Aktionen und Techniken ist, mit denen sich ein Tennisspieler im Training auseinandersetzen muss, desto wahrscheinlicher ist es, diesen effektiv entgegenzuwirken. Im Gegenteil, unter den Bedingungen eines standardisierten, starr programmierten Trainings entwickelt sich keine

Extrapolation. Das Hauptmerkmal des Tischtennissports ist seine hohe Emotionalität. Selbst unter den Bedingungen eines gewöhnlichen, hundertfach wiederholten Trainings aktiviert der Einstieg in das Spiel früher oder später den gesamten emotionalen Reaktionsapparat des Athleten. Und im Laufe des Wettkampfs kommen emotionale Verschiebungen bei Sportlern einer typischen Stressreaktion nahe genug. Emotionalität erhöht die Schwere der vegetativen Reaktionen des Sportlers auf die motorische Belastung erheblich. Das Beispiel der Spiele bei Welt- und Europameisterschaften, an denen Dutzende von Ländern und Hunderte von Athleten teilnehmen, zeugt von der Art des Wettkampfs während des Wettkampfs. Die Intensität des Kampfes in den gespielten Spielen kann anhand des Punktestands beurteilt werden, zum Beispiel: 10:9, 10:12 oder 12:14; nach Spielsituationen und Punktgleichheit in kritischen Situationen und Spielenden: 7:7, 8:8, 9:9. Besonders spannend sind die Enden der Partys, wenn ein Tennisspieler ein oder zwei Punkte verliert und sich um den Sieg bemüht. Das erfordert Mut, Ausdauer und Selbstvertrauen. Der Punktestand im Spiel ist zweifellos einer der Indikatoren für die Intensität des Kampfes, aber nicht der einzige. Der Erfolg der sportlichen Betätigung eines Tischtennisspielers hängt von den Eigenschaften des Nervensystems und des Temperaments ab, die an der Bildung von Persönlichkeitsmerkmalen beteiligt sind. Eine bestimmte Kombination von Persönlichkeitsmerkmalen bestimmt seine Individualität. Die bisher gesammelten Forschungsdaten ermöglichen es mit hinreichender Zuverlässigkeit, Persönlichkeitsmerkmale und deren Zusammenhang zu identifizieren, die einen hochqualifizierten Sportler auszeichnen.

Zu den herausragenden Eigenschaften eines Tischtennisspielers zählen erhöhte emotionale Stabilität, Charakterfestigkeit, Selbstvertrauen, Selbstständigkeit in der Einschätzung schwieriger Situationen, verminderte Angst,

Fähigkeit zur Selbstbeherrschung, Ausdauer beim Erreichen von Zielen, Initiative und Mut, Streben nach Führung .

Unter den Korrelationen von Persönlichkeitsmerkmalen sind die wichtigsten:

- das Vorherrschen moralischer, sozialer Motivationen in der Motivationsstruktur über die Bestrebungen persönlicher Natur;
- das Vorherrschen von Willensqualitäten, die einen Athleten mobilisieren, um Schwierigkeiten zu überwinden, über Angst und Selbstzweifel;
- das Vorherrschen von mentaler Stabilität und Selbstbeherrschung gegenüber emotionaler Erregbarkeit.

Psychologen haben festgestellt, dass die Motive des Sportlers eine besonders wichtige Rolle spielen, um hohe Ergebnisse zu erzielen. Zu den Motiven, die den Erfolg der Aktivität beeinflussen, gehören:

- physiologisch,
- Psychisch
- Sozial.

Gleichzeitig zeigte sich, dass je höher die gesellschaftliche Bedeutung von Motiven ist, desto erfolgreicher kann das Ergebnis der Aktivität sein.

Tischtennis erfordert auch Einfallsreichtum. Während des Spiels müssen Sie geschickt schlau sein und mit Hilfe von Täuschungstricks und Finten Ihren Gegner geschickt verwirren können. Dies muss gelehrt werden. All diese Qualitäten gilt es nicht nur am Spieltisch, sondern auch im Alltag zu trainieren.

Tischtennis hat keine Altersgrenze.

Das Beste am Tischtennis ist, dass es von allen Altersgruppen gespielt werden kann. Ob 6 oder 60, spielt keine Rolle, denn es ist nie zu spät, Tennis spielen zu lernen.

So wurde in einem der westlichen Magazine über den 108-jährigen Tennisspieler aus China Pak Sunchen berichtet. Er begann vor 29 Jahren Tennis zu spielen, aber seitdem ist er jeden Tag mit einem Schläger in der Hand im Beijing Shamian Tennis Center zu sehen ... Menschen mittleren Alters und ältere Menschen werden ermutigt, Tennis zu nutzen, um ihre Gesundheit, Leistungsfähigkeit und ihre Leistungsfähigkeit zu erhalten Gute Geister. Aber Sie sollten nicht nach den höchsten Leistungen im Spiel streben. Vergessen Sie nicht, dass Tennis durch eine Vielzahl von, oft abgehackten Bewegungen, Rucken, Rhythmusstörungen gekennzeichnet ist. Und all dies kann für Menschen, deren Gewebe nicht bereits über jugendliche Elastizität verfügt, traumatisch sein. Daher ist es ratsam, Wettkämpfe ab 50 Jahren abzulehnen und ab 60 nur noch im Doppel teilzunehmen. Tennis ist auch deshalb bemerkenswert dass jeder mit einer seinem Gesundheitszustand und seiner körperlichen Fitness angemessenen Intensität auf dem Platz spielen und sich bewegen kann. Schließlich hat körperliche Aktivität im Tennis einen Intervallcharakter. Seine Intensität wird durch die zahlreichen Pausen im Spiel reduziert. Diese Pausen treten am Ende des Ballwechsels auf (Aufnehmen von Bällen nach dem Ballwechsel, Seitenwechsel beim Passen des Athleten, Übergänge beim Aufschlag und Empfang usw.). Sie sind wichtig, um die "verlorene" Atmung wiederherzustellen. Beim Spielen mit vier Spielern erhöht sich diese Atempause. Tennisbegeisterte sind durch eigene Erfahrung und Vorbild von der gesundheitsfördernden Wirkung des Tennissports überzeugt. Diese Pausen treten am Ende des Ballwechsels auf (Aufnehmen von Bällen nach dem Ballwechsel, Seitenwechsel beim Passen des Athleten, Übergänge beim Aufschlag und Empfang usw.). Sie sind wichtig, um die "verlorene" Atmung wiederherzustellen. Beim Spielen mit vier Spielern erhöht sich diese Atempause. Tennisbegeisterte sind durch eigene Erfahrung und Vorbild von der gesundheitsfördernden Wirkung des Tennissports überzeugt. Diese Pausen treten am Ende des Ballwechsels auf (Aufnehmen von Bällen nach dem Ballwechsel, Seitenwechsel beim Passen des Athleten, Übergänge beim Aufschlag und Empfang usw.). Sie sind wichtig, um die "verlorene" Atmung wiederherzustellen. Beim Spielen mit vier Spielern erhöht sich diese Atempause. Tennisbegeisterte sind durch eigene Erfahrung und Vorbild von der gesundheitsfördernden Wirkung des Tennissports überzeugt.

Jede Technik hat ihre eigenen Gesetze. Eines der Gesetze der Tischtennistechnik ist die Notwendigkeit, bestimmte Techniken einzuhalten. Technik ist der kürzeste Weg, um Ergebnisse zu erzielen. Natürlich gibt es aufgrund der physiologischen Eigenschaften einer Person Plus- oder Minusabweichungen, aber im Allgemeinen ist die Ausführungstechnik dieselbe. Sobald eine falsche Technik in den Automatismus eingeprägt wurde, stört sie die Entwicklung einer neuen, korrekten Technik. Der Ausschluss von den Übungen einer seiner Phasen verletzt die gesamte Technik des Gesamtverfahrens.

Eine ganzheitliche, klare und korrekte Vorstellung in einer Person über die erlernten Techniken und Handlungen und deren beispielhafte Demonstration ermöglicht es Ihnen, die Technik der Durchführung von Übungen schnell zu beherrschen. Eine allmähliche Erhöhung der Belastung im Lernprozess wird durch die Einhaltung des Körperzustandsniveaus und die Zugänglichkeit für die Schüler erreicht. Die Voraussetzung zur Sicherung der Kraft wird durch wiederholte Wiederholung von Übungen in verschiedenen Kombinationen sowie eine systematische Überprüfung der erzielten Ergebnisse erreicht.

Die meiste Zeit im Tischtennistraining wird von praktischen Übungen eingenommen, also dem Üben bestimmter Bewegungen mit einem Schläger. Es ist zwingend erforderlich, die Tricks und Regeln des Spiels zu kennen.

Folgende Technik und Abfolge der Vermittlung von Tischtennistechniken wird empfohlen:

- sich mit der Entwicklungsgeschichte vertraut zu machen;
- Machen Sie sich mit der Ausrüstung und dem Inventar vertraut;
- das Konzept der Terminologie zu geben;
- sich mit den Grundregeln des Spiels vertraut machen;
- sich mit der Organisation und Durchführung von Wettbewerben vertraut zu machen;
- sich in die Ausbilder- und Gerichtspraxis einbringen;
- die Technik des Spiels zu lehren.

Die Technik des Spiels umfasst die folgenden Techniken:

- Griff,
- schneiden,
- Vorwärts rollen (links rollen, rechts rollen)
- Innings
- Top Spin (Top Spin rechts, Top Spin links)
- Stand
- Beschneidung
- "Kerze"
- Tennis Haltung

GESTELL

Spielregale sollten in Racks (Positionen) zum Ausführen verschiedener Schläge und ein Rack zum Empfangen der Aufschläge des Gegners unterteilt werden.

Betrachten Sie die Rezeption und allgemeine Fragen zur Rezeption.

Zunächst einmal sollte die Rezeption sowohl physisch als auch hinsichtlich der Aufmerksamkeit für den schnellstmöglichen Start in jede Richtung sorgen - links, rechts, vorwärts, rückwärts. Die Haltung ist die Position höchster Bereitschaft. In allen Bereitschaftsfällen sind die Beine schulterbreit oder etwas breiter als die Schultern, die Knie sind leicht gebeugt, die Fersen sind vom Boden abgerissen.

So steht es in allen Lehrbüchern.

Aber was genau bedeutet das – „leicht gebeugte Knie“?

In der Praxis kann dieser Beugewinkel wie folgt bestimmt werden: Versuchen Sie, einige federnde Schwünge zu machen, und bleiben Sie dann in der unteren Position dieses Schwungs. Diese Position ist am besten geeignet: sowohl zum Empfangen von Innings als auch zum Ausführen von Einzelschlägen. Was genau bedeutet "Absätze vom Boden"? Das bedeutet sowohl Stand als auch Bewegung auf dem Vorderfuß (nicht auf den Zehen – das ist kein Ballett!). Vergleichen wir unsere professionellen Bewegungen mit dem Start eines Sprinters, dann erinnern wir uns sofort daran, dass Sprinter beim Start sogar künstlich die Fersen vom Boden abheben und sich aufgrund der Startblöcke mit dem Vorderfuß abstoßen.

Das Körpergewicht ist bei richtiger Haltung gleichmäßig auf beide Beine verteilt und der Körperschwerpunkt liegt auf einer geraden Linie, die durch die Fußvorderseite beider Beine verläuft. Andere Positionen des Körperschwerpunktes sorgen nicht für einen blitzschnellen Start. Begrenzen Sie die Fähigkeit, einen starken Oberkörper nach vorne zu bewegen, gestreckte, angespannte Beine.

Der Abstand zwischen dem Spieler und dem Tisch an der Rezeption entspricht etwa der Länge eines ausgestreckten Armes mit einem Schläger. Nimmt der Athlet den Aufschlag von links und von rechts gleichermaßen erfolgreich an, befindet er sich am Empfang gegenüber der Tischmitte, dem Tisch zugewandt, und beide Füße sind nahezu parallel und blicken nach vorne. Wenn der Athlet bei der Aufschlagannahme lieber rechts spielt, nimmt er eine Position etwas links von der Tischmitte und im rechten Stand (zumindest die Füße) ein.

Die richtige Haltung (bzw. Ausgangsposition für alle Arten von Schlägen rechts) zeichnet sich dadurch aus, dass die Füße (insbesondere die rechten) nach rechts gedreht werden. Dadurch kann die rechte Schulter nach hinten schwingen. Bitte beachten Sie: Bei einer Drehung werden die rechte Schulter und der rechte Körperteil eingezogen und nicht die linke nach vorne gebracht, obwohl Sie auf beide beschriebenen Arten in die linke Position gelangen können.

Die linke Haltung (oder Startposition für alle Arten von Rückhand) wird in den meisten Handbüchern als die entgegengesetzte Haltung der rechten beschrieben, mit dem rechten Fuß und der rechten Schulter vor dem linken Fuß und der linken Schulter. Die Erhöhung der Spielgeschwindigkeit und die Verbesserung des Schlägermaterials erfordern und ermöglichen, dass alle Rückhandschläge mit dem Gesicht zum Tisch ausgeführt werden. Denn genau das bringt Zeitgewinn und ermöglicht es, die Flugrichtung des Balls zu verschleiern, verleiht dem Spiel auf der linken Seite einen besonderen Reiz.

Unterschiedliche Körperhaltungen sind mit den individuellen und technischen Eigenschaften des Athleten verbunden. Obwohl die Prinzipien des Tischständers oben diskutiert wurden, zeichnet sich daher jeder Sportler durch seine eigene, nur dem Tischständer innewohnende Eigenschaft aus.

Viele führende Athleten treten beim Aufschlag kaum merklich über die Füße, als würden sie den Schwerpunkt schwingen. Ein solcher Überstieg sorgt für einen schnellen Start, und ein schneller Start ist immer schneller als ein stehender Start (vergleiche mit den gleichen Sprintern in der Staffel - die Geschwindigkeit derjenigen, die auf der 2., 3. usw. Etappe sofort starten, ist immer größer als derjenige, der in der ersten Etappe von einem Platz aus startet).

Die Haltung ist frei und die Aufmerksamkeit angespannt.

Griff

Der richtige Griff (Halteweise) des Schlägers bestimmt maßgeblich die richtige Schlagausführung im Tischtennis und die Wahl der Griffart bestimmt maßgeblich die Wahl der Spielweise. Der Griff sollte Freiheit und natürliche Bewegung des ganzen Arms bei der Ausführung von Schlägen bieten. Im modernen Tischtennis werden zwei grundsätzlich unterschiedliche Griffarten unterschieden – „europäisch“ und „asiatisch“.

Europäischer Griff

Schon der Name dieses Griffs spricht von seiner außergewöhnlichen Beliebtheit bei europäischen Athleten. In den 60er und 70er Jahren begannen die Leiter der Tischtennisverbände einiger asiatischer Länder angesichts der Notwendigkeit, sich auf Treffen mit führenden europäischen Athleten vorzubereiten, die europäische Art, einen Schläger zu halten, intensiv unter den Athleten ihrer Länder zu verbreiten. Viele dieser Athleten haben hervorragende Ergebnisse bei Weltmeisterschaften, asiatischen und internationalen Turnieren erzielt, und jetzt hat diese Methode in asiatischen Ländern volle Staatsbürgerrechte erhalten und entwickelt sich parallel zum traditionellen asiatischen Stiftgriff. Der Begriff "europäischer Griff" ist heute historischer und geografischer geworden, er drückt überhaupt nicht das Wesen dieser Art, einen Schläger zu halten, aus. Dieser Begriff ist jedoch traditionell und wird überall verwendet. Viel deutlicher drückt die Essenz der beschriebenen Methode zum Halten des Schlägers aus, ein anderer Begriff - „horizontaler Griff". Der Schläger mit horizontalem Griff wird in die Handfläche gelegt, wie die Hand eines Kameraden beim Händeschütteln. Die Schlägerkante wird in die Aussparung zwischen Daumen und Zeigefinger geführt. Der Daumen liegt auf der einen Seite der Schlägerebene am Rand der Gummierung, der Zeigefinger auf der anderen Seite des Schlägers am Rand. Mittel-, Ring- und kleiner Finger umfassen den Schläger und stützen ihn leicht am Griff, ohne ihn zu drücken. Der Schläger befindet sich in einer horizontalen Position. Mit der richtigen Position in der Hand ist der Schläger seine Fortsetzung und es wird so einfach und natürlich sein, mit dem Schläger im Spiel zu agieren, als ob der Schlag von der Hand selbst ausgeführt würde. Diese Position des Schlägers in der Hand (Extension der Hand) ist besonders wichtig denn allein der Umfang der Schlägerebene mit Daumen und Zeigefinger garantiert noch nicht die universellen Möglichkeiten des horizontalen Griffes. Eine leichte Drehung des Schlägers in der Hand oder Beugen des Handgelenks in die eine oder andere Richtung bringt den Schläger aus der Ebene des Unterarms und macht die Bewegungen unnatürlich, komplex und in der Amplitude begrenzt. Solche Abweichungen sind meiner Meinung nach schwerwiegende technische Fehler und schränken die Spielmöglichkeiten des Sportlers in der Zukunft ein. Die Ballen der Endphalangen von Daumen und Zeigefinger sind empfindlich. Das lässt sich aus der Alltagserfahrung leicht nachprüfen – wenn man etwas für Dicke, Weichheit, Behaarung etc. ertasten möchte, verwenden wir zunächst die Endglieder von Daumen und Zeigefinger. Ihre Tätigkeit im Griff und damit in der Ausführung von Schlägen, bestimmt weitgehend die Besonderheiten von Griff, Technik und Stil. Die aktive Teilnahme des Handballens trägt zu einem feineren Gefühl, einem feineren „Ballgefühl“ bei der Ausführung von Rückhandschlägen bei. Die aktive Teilnahme des Ballens des Endgliedes des Zeigefingers trägt zu einem subtileren Gefühl, einem subtileren "Ballgefühl" bei, wenn Schläge von rechts ausgeführt werden. Nur ein Griff, bei dem die Oberflächen der Spielfläche des Schlägers die Ballen der Endglieder von Daumen und Zeigefinger berühren, ermöglicht es Ihnen, die technischen Techniken des Spiels sowohl links als auch rechts genau auszuführen. Die einfachsten Experimente bestätigen die Bedeutung subtiler taktiler Empfindungen bei der Ausführung von Schlägen. Es lohnt sich, gewöhnliche Metallfingerhüte an den Endgliedern von Daumen und Zeigefinger anzubringen, da die Genauigkeit und das Vertrauen in das Spiel selbst bei ziemlich qualifizierten Athleten nachlassen.

Einreichungen:

1. Direkter Aufschlag, Aufschlag in einem leichten Winkel: Im ersten Fall dreht sich der Ball nicht, im zweiten Fall dreht er sich;

2. Pendel - die Hand beschreibt einen Halbkreis, geht zuerst nach unten - zur Seite, dann nach oben - zur Seite. Die Haltung des Spielers hängt davon ab, ob der Schlag mit der offenen oder geschlossenen Seite des Schlägers ausgeführt wird. In einem Fall wird es rechtshändig sein, im anderen linkshändig;

3. Fächer – die Hand beschreibt einen Halbkreis, der mit der konvexen Seite nach oben gerichtet ist. Der Ball wird im ausgehenden Teil der Flugbahn, am höchsten Punkt oder am Ende der Bewegung getroffen. Dies bestimmt die obere, seitliche oder untere Rotation.

Balltreffer:

1. Stehen - Der Schläger wird einfach durch den Ball ersetzt, und nachdem er hochgeflogen ist, scheint er selbst davon abzuprallen.

Passiver Verteidigungszug. Bei diesem Schlag erhält der Ball weder Spin noch Geschwindigkeit. Aber es wird in der Regel aus einem halben Flug heraus durchgeführt, und das allein lässt dem Feind wenig Zeit für einen weiteren Angriff. Es wird ohne eine ernsthafte Vorwärtsbewegung des Schlägers, ohne Schwung und eine signifikante Drehung der Bürste (und folglich des Schlägers) ausgeführt. Der Energievorrat, den der Ball durch den Aufprall des Gegners erhält, wird genutzt. Der Neigungswinkel des Schlägers nach vorne wird empirisch für jede Rotationsart separat ausgewählt - separat für die Aufnahme von Rollen, separat für die Aufnahme von Top-Spins, separat für die Aufnahme von Trimmen, Schläge rechts und links mit einem Ständer ausführen.

2. Roll-on ist ein Schlag, bei dem der Schläger vom Spieler nach vorne gekippt wird und ihn während des Fluges rotieren lässt, als würde er den Ball von oben streichen. Der Rückprall von einem solchen Schlag ist hoch und scharf.

Kurzer Wurf - Der Kontakt des Balls mit dem Schläger erfolgt über dem Tisch, es kommt vor, dass er sehr nahe am Netz ist. Die Bewegung der Hand muss sehr schnell sein. Der Schlag wird normalerweise beim Start ausgeführt, diese Rolle wird oft als schnell bezeichnet.

Der lange Roll ist eine Art Vorhand, bei der der Kontakt zwischen Ball und Schläger relativ weit von der hinteren Tischkante entfernt erfolgt.

3. Eine „Kerze" ist ein Schuss auf einen weit über das Netz gesprungenen Ball. Der Ball schlägt am höchsten Punkt des Absprungs. In der Praxis wird ein solcher Ball nicht reflektiert.

4. Ein Cut ist ein Schlag, der dem Ball Bottom-Spin verleiht. Seine Flugbahn ist hier niedrig.

Diese nach außen hin bescheidene Rezeption der Technik wirkt sich stark auf den Spielverlauf aus. Dadurch können Sie die Möglichkeit verringern, den Feind anzugreifen, und den Angriff des Gegners sogar vollständig "ausschalten".

Sowohl Anfänger als auch Weltmeister nutzen diesen Schlag. Und oft hängt es von der Qualität des Cuts (cutting the cut, „swing") ab, ob der Gegner am Tisch frei agieren kann. Am besten schlägt man den Ball so früh wie möglich, am besten halbfliegend oder noch früher sozusagen, um den Ball buchstäblich zu „kratzen", sobald er die Tischoberfläche berührt. Es ist notwendig, den Ball so lange wie möglich zu schicken, es ist wünschenswert, dass der Ball nach dem Abprallen auf der gegnerischen Seite vom Tisch fliegt und dadurch den Gegner vom Tisch wegtreibt. Die Schläge werden wie beim üblichen Hinterschnitt durch den aktiven Schwung und die Streckung des Arms im Ellbogengelenk mit dem Unterarm ausgeführt, aber der Schlag erfolgt auf den unteren Teil des Balls, der Schläger geht vollständig unter den Ball. Wenn Sie alle diese Empfehlungen befolgen, können Sie für eine starke Abwärtsrotation sorgen.

5. Top Spin – bedeutet den oberen „hohen“ Spin. Der Ball, der eine superstarke Top-Rotation erhalten hat, hat eine gekrümmtere Flugbahn, fliegt langsamer, aber wenn er mit dem Tisch und dem Schläger interagiert, hat er einen schnellen und unerwarteten Rückprall, es ist einfacher, ihn zu kontrollieren und das Gewünschte zu treffen zuverlässiger auf den Tisch zeigen.

6. Undercut – wird verwendet, um starke Schläge des Gegners abzuwehren: Läufe, Topspins, Finishing-Schläge und Schüsse aus mittlerer und großer Entfernung vom Tisch.

RECHTER SCHNITT

Vor dem Aufprall nimmt der Athlet eine nach rechts gedrehte Position ein, der rechte Fuß schaut nach rechts, der Fuß des linken Fußes ist leicht nach rechts gedreht. Die Schultern werden ebenfalls eingesetzt: Die rechte Schulter ist für das Schwingen nach rechts, zurück und nach oben reserviert; Die rechte Schulter vor dem Schlag ist etwas höher als die linke. Zum Zeitpunkt des Aufpralls beträgt der

Winkel zwischen Schulter und Körper 35 Grad, der Winkel des Arms im Ellbogengelenk ist spitz.

Der Schwung wird hauptsächlich mit dem Unterarm nach oben ausgeführt, da die Armbeuge am Ellbogen die Nase des Schlägers nach oben hebt. Im Allgemeinen spielt der Unterarm bei diesem Schlag die Rolle eines Schlagwerks, die beschleunigte Bewegung des Unterarms, die durch die kräftige Streckung des Arms am Ellbogen ausgeführt wird, ähnelt einem Schlag mit einem Hammer auf einen Nagelkopf.

Der Ellbogen ist abgesenkt, aber nicht an den Körper gedrückt.

Während des Schlags dreht die Hand den Schläger (dreht sich nicht um!) aus einer Position, in der der Schläger nach hinten geneigt ist, in eine fast horizontale Position, wobei die untere Hälfte des Rückens und die Unterseite des Balls getroffen werden.

Die Schulter bewegt sich aus der hinteren Position nach vorne und sorgt für die Vorwärtsbewegung des Schlägers.

Der Oberkörper verlagert den Körperschwerpunkt vom rechten Bein auf das linke, wodurch der Schläger zusätzlich nach vorne bewegt und die Beschleunigung erhöht wird. Die rechte Schulter am Ende des Schlages befindet sich vor und unter der linken.

Damit ein rechter Unterschnitt für den Gegner unangenehm wird, schnell, scharf, zum passiven Spiel zwingt, müssen zwei Bedingungen erfüllt sein: Die erste ist, den Schlag streng vor dem Körper des Athleten auszuführen, die zweite, die Beschleunigung zu kombinieren des Unterarms und die Verlagerung des Körperschwerpunkts.

Die Reihenfolge des Eintritts einzelner Teile des Arms und des Rumpfes in den Schlag ist dieselbe: Hand, dann Unterarm, Schulter, Rumpf.

Wenn zum Zeitpunkt des Kontakts von Ball und Schläger der Winkel zwischen der rechten Schulter und dem Körper weniger als 30 Grad beträgt, dann ist der Athlet zu nah am Ball und es besteht die Notwendigkeit, sich nach links zu „bewegen". Beträgt zum Zeitpunkt des Kontakts von Ball und Schläger der Winkel zwischen der rechten Schulter und dem Körper mehr als 60 Grad oder ist der Winkel des Arms im Ellbogengelenk stumpf, bedeutet dies, dass der Athlet zu weit vom Ball entfernt ist und es ist notwendig, sich nach rechts zu bewegen, näher an den Ball heranzukommen.

LINKER SCHNITT

Vor dem Schlag nimmt der Athlet eine Position mit dem Gesicht zum Tisch ein. Der Fuß des linken Beines ist leicht nach links gedreht. Die rechte Schulter ist etwas höher als die linke.

Die rechte Schulter befindet sich in einer entspannten, gesenkten Position und berührt fast den Körper. Die Spannungslosigkeit der Schulter lässt sich leicht überprüfen: Wenn der Unterarm mit dem Ellbogen nach vorn vom Körper abgesetzt wird, ist er angespannt.

Im Moment des Aufpralls ist der Beugewinkel im Ellbogengelenk spitz. Der obligatorische Schwung wird hauptsächlich mit dem Unterarm nach oben ausgeführt, indem der Arm am Ellbogen gebeugt wird, wird die Nase des Schlägers beim Hochschwingen angehoben.

Beim Schlag erfolgt eine intensive Streckung des Arms im Ellbogengelenk und die Fortsetzung der Handbewegung in Schlagrichtung, um dem Ball maximale Geschwindigkeit und Rotation zu verleihen.

Der Unterarm spielt bei diesem Schlag auch die Rolle eines Schlagwerks, die beschleunigte Bewegung des Unterarms verleiht dem Ball Geschwindigkeit und offensiven Charakter.

Die Hand dreht (dreht sich nicht um!) den Schläger beim Kontakt zwischen Ball und Schläger aus der zurückgekippten Position in eine fast horizontale Position und trifft die untere Hälfte des Rückens und die Unterseite des Balls.

Die Schulter bewegt sich aus der hinteren Position nach vorne und sorgt für die Vorwärtsbewegung des Schlägers.

Der Oberkörper verlagert den Schwerpunkt des Körpers vom hinteren (normalerweise linken) Bein auf das vordere (normalerweise rechte) Bein - achten Sie besonders darauf, wodurch der Schläger zusätzlich nach vorne geschoben und die Beschleunigung erhöht wird.

Die rechte Schulter am Ende des Schlages befindet sich vor und unter der linken.

Der Unterschnitt links ist für den Gegner unangenehm, schnell, scharf, unter folgenden Bedingungen: Erstens wird der Schlag direkt vor dem Spieler ausgeführt (wie die Kinder erklären mussten, direkt vor dem Emblem auf der Brust), und Dies erfordert ernsthafte Beinarbeit. sich bei jedem Schlag direkt hinter dem Ball zu positionieren, auch wenn schräge Schläge nach links reflektiert werden; Die zweite besteht darin, die Beschleunigung des Unterarms (kräftiges Strecken des Arms am Ellbogen) und die Verlagerung des Körperschwerpunkts zeitlich zu kombinieren.

Die Reihenfolge des Eintritts einzelner Arm- und Körperteile in den Schlag ist dieselbe: Hand, Unterarm, Schulter, Rumpf. Befindet sich der Ball zum Zeitpunkt des Kontakts von Ball und Schläger links vom Athleten und - streckt der Athlet seinen Arm, um den Schlag abzuwehren, bedeutet dies, dass der Athlet sich nach links bewegen muss.

Wenn der Athlet zum Zeitpunkt des Kontakts von Ball und Schläger gezwungen ist, den Ellbogen nach rechts vom Körper zu bewegen, um den Schlag zu parieren, bedeutet dies, dass der Athlet sich nach rechts bewegen muss.

Neun Grundsätze des Schlagens

Es ist üblich, die Schläge führender Spieler in Fotos, Filmen und Videos zu studieren. Aber all diese "Gramme" geben nur eine Vorstellung vom äußeren Muster des Schlages, und es ist unmöglich, viele äußerst wichtige Nuancen des Spiels auf solchen Foto-, Film- und Videogrammen zu zeigen. Im Folgenden sind die Prinzipien für Schläge aufgeführt, die im Bild nicht oder nur schlecht sichtbar sind, die jedoch weitgehend die Wirksamkeit von Schlägen im Tischtennis bestimmen.

Diese Grundsätze gelten für jede Art von Angriffs- oder Verteidigungsschlag. Ein nach diesen Prinzipien ausgeführter Schlag ist in Bezug auf die Genauigkeit am zuverlässigsten und in Bezug auf eine Reihe von Eigenschaften für den Gegner am gefährlichsten - Ballgeschwindigkeit, Stärke und Rotationsgeschwindigkeit.

* Nehmen Sie zuerst eine Schockposition ein und führen Sie erst dann einen Schlag aus.

* Jeder Schlag wird vor dem Körper ausgeführt.

* Jeder Schlag muss am höchsten Punkt des Rückpralls des Balls erfolgen.

* Die Bewegung des Schlägers sollte so weit wie möglich nach vorne gerichtet sein.

* Jedem Ball muss bewusst Spin gegeben werden.

* Wenn der Schläger den Ball berührt, kommt es nicht auf die absolute Geschwindigkeit der Hand und des Schlägers an, sondern auf die Größe der Beschleunigung.

* Das Körpergewicht muss während des Stoßes vom hinteren auf das vordere Bein verlagert werden.

* Die Übertragung des Körpergewichts und die Beschleunigung der Schlagbewegung müssen zeitlich zusammenfallen.

* Jeder Schlag muss einen Rückschwung haben.

Es ist natürlich falsch zu glauben, dass die Umsetzung von drei oder vier dieser Prinzipien eine ziemlich anständige Wirkungsqualität garantiert. Alle diese Prinzipien sind eng miteinander verbunden. Nur die genaue Einhaltung all dieser grundlegenden Punkte garantiert den wahren Besitz und die Kontrolle über die Technologie. Nur das äußere Schlagmuster eines Athleten kann sich von dem äußeren Muster desselben Schlags eines anderen unterscheiden - schließlich hat jeder seine eigenen morphologischen und Geschwindigkeitsmerkmale.

Das Wissen, Verstehen, Aneignen der Grundprinzipien der Schlagausführung sichert die Ausbildung einer individuellen, stabilen Spieltechnik. In technischer Hinsicht besteht das Spiel genau darin, dem Feind die Gelegenheit zu "verweigern", unter idealen Bedingungen und unter Einhaltung aller Hauptprinzipien einen Schlag auszuführen, und sich selbst so viel wie möglich eine solche Gelegenheit zu geben .

PRINZIP EINS

ERST IN POSITION FÜR DEN PUNCH BRINGEN UND ERST DEN PUNCH SETZEN.

Ein Schlag geht im Wesentlichen immer von den Füßen aus und nicht von den Händen, was für gewöhnliche menschliche Handlungen im Alltag eigentlich nicht sehr typisch ist und die Kultivierung einer besonderen Fähigkeit erfordert.Natürlich die genaue Einhaltung der ersten erfordert grundsätzlich eine sehr hohe Qualität der Beinarbeit und ist technisch einwandfrei und geschwindigkeitsmäßig sehr schnell. Die Qualität des Schlags wird stark reduziert, wenn er unterwegs ausgeführt wird. Das Schlagen während der Bewegung, das Bemühen, schräge Bälle mit dem Arm oder dem Oberkörper zu erreichen, verstößt gegen dieses erste Prinzip.

PRINZIP ZWEI

JEDER TREFFER SOLLTE VOR DEM KÖRPER DES SPIELERS AUSGEFÜHRT WERDEN.

Es ist vorne, nicht an der Seite, nicht hinten. Die Einhaltung dieses Prinzips gewährleistet die Aktivität aller Schläge, erleichtert den maximalen Fortschritt des Schlägers nach vorne und ermöglicht es Ihnen, den Ball auf der kürzesten Flugbahn nach vorne zu schicken.

PRINZIP DREI

JEDER TREFFER MUSS AM HÖCHSTEN BINDUNGSPUNKT DES BALLS AUSGEFÜHRT WERDEN.

Dies sollte in jedem Fall angestrebt werden, denn:

- von diesem Punkt aus ist immer der kürzeste in Bezug auf die Länge des Wegs und daher in Bezug auf die Flugdauer des Balls die Entfernung, die die Verringerung der Zeit bestimmt, die dem Feind verbleibt, um sich auf die Reaktion vorzubereiten;
- am höchsten Punkt des Aufpralls dreht sich der Ball viel weniger als in anderen Stadien seines Flugs, und die Drehung hat weniger Einfluss auf den Schlag;
- Das Schlagen des Balls am höchsten Punkt seines Aufpralls sorgt für eine maximale Vorwärtsbewegung des Schlägers.

PRINZIP VIER

DIE SCHLÄGERBEWEGUNG MUSS MAXIMAL VORWÄRTS SEIN.

Durch Verlängern, Dehnen des Kontakts des Balls mit dem Schläger (insbesondere beim Annehmen von Innings) können Sie dem Ball „Ihre" Rotation zuverlässiger aufzwingen. Dabei geht es überhaupt nicht darum, den Schlag zeitlich zu dehnen, sondern nur darum, die Wechselwirkungsstrecke zwischen Ball und Schläger zu verlängern, allerdings in einer kurzen Zeiteinheit.

PRINZIP FÜNF

JEDER BALL MUSS BEWUSST DREHEN.

Die Einhaltung dieses Prinzips sorgt dafür, dass der Ball auf einer zuverlässigen, gekrümmten Flugbahn fliegt – und Sie nicht ins Netz geraten, weil. Der Ball hat einen Höhenspielraum über dem Netz, und Sie treffen den Tisch genauer als mit einem geradlinigen Flug des Balls. Darüber hinaus erschwert das Drehen des Balls es dem Gegner, selbst wenn Sie mit Ihren Bewegungen zu spät sind, selbst wenn Sie nicht alle anderen Schlagprinzipien vollständig befolgen können, scharfe Schläge zu erzielen.

PRINZIP SECHS

BEIM KONTAKT DES SCHLÄGERS MIT DEM BALL IST ES NICHT DIE ABSOLUTE GESCHWINDIGKEIT DES ARMES UND DES SCHLÄGERS, SONDERN DER WERT DER BESCHLEUNIGUNG IST WICHTIG.

Die Anfangsgeschwindigkeit, mit der sich der Schläger dem Ball nähert, erhöht sich während eines kompetenten Schlags um ein Vielfaches. Bereits in den 70er Jahren zeigten Studien des Minsker Wissenschaftlers A. L. Weinstein, wie die Schlaggeschwindigkeit von hochqualifizierten Spielern steigt. Beim berühmten Rechtsschlag des Schweden C. Johansson, der in den siebziger Jahren donnerte, erhöhte sich die Geschwindigkeit des Schlägers während des Schlags um das 128 (!)

Mal, beim nicht minder berühmten Angriffsschlag mit der linken Hand von S Gomozkov um 26 Mal.

Die Beschleunigung (Erhöhung der Aufprallendgeschwindigkeit gegenüber der Anfangsgeschwindigkeit) kann nicht nur durch eine Erhöhung der Endgeschwindigkeit einen hohen Wert erreichen - schließlich sind die Möglichkeiten zur Erhöhung der Endgeschwindigkeit nicht unbegrenzt, sondern auch durch a angemessener Rückgang des ursprünglichen. Die relativ geringe Anfangsgeschwindigkeit der Schlagbewegung erlaubt es übrigens, in aller Ruhe die Spielsituation und die Position des Gegners einzuschätzen und ggf. Richtung, Geschwindigkeit und Rotationsart im letzten Moment aktiv zu steuern . In jedem Fall muss die Bewegungsgeschwindigkeit von Hand und Schläger so sein, dass sie deutlich erhöht werden kann.

PRINZIP ACHT

ÜBERTRAGUNG DES KÖRPERGEWICHTS UND BESCHLEUNIGUNG DER AUFSCHLAGBEWEGUNG SOLLTEN ZEITLICH ÜBEREINSTIMMEN.

Es ist diese Timing-Kombination, mit der Sie schnelle und gleichzeitig stark verdrehte Schläge ausführen können. Äußerlich im Spiel haben solche Schläge einen klickenden Klang, und optisch wirken sie leicht und entspannt. Wenn allerdings die Übertragung von Körpergewicht und Beschleunigung "teilt", wirken die Schläge schwerfällig und plump.

PRINZIP NEUN

JEDER SCHLAG SOLLTE EINEN SCHWUNG HABEN.

Die Einhaltung dieses Prinzips ermöglicht es Ihnen, bei jedem Schlag eine Anfangsgeschwindigkeit zu haben, die in Zukunft erhöht werden kann. Und ein Schlag ohne Schwung ist überhaupt nicht geeignet (manchmal versuchen sie auf diese Weise, ihre Handlungen zu „verkleiden"). Das Spielen ohne Schwung führt dazu, dass die Geschwindigkeit des Schlägers zu Beginn des Schlags nahe bei Null liegt und es schwierig ist, sie zu erhöhen, und die Schläge hauptsächlich nur aufgrund der Energiereserve des ankommenden Balls ausgeführt werden. Schaukeln können in Form (Aussehen), Größe und Geschwindigkeit sehr unterschiedlich sein. Es ist wichtig, dass die richtigen Winkel und Geschwindigkeiten beim Kontakt von Ball und Schläger gewährleistet sind.

Wie bei jedem Spiel zielen die Regeln des Tischtennis darauf ab, den Ablauf interessant zu gestalten, umstrittene Punkte zu minimieren und den Wettkampf klar und korrekt zu gestalten.

Zusammenfassend möchte ich anmerken, dass die Menschen heute wissen, wie und gerne Tischtennis gespielt wird. Die Erfahrung zeigt, dass Tischtennis für sie ein Vergnügen ist. Die Effektivität dieser Klassen wird viel höher sein, wenn eine Person die rationale Technik und Taktik des Spiels beherrscht. Ein flexibler Umgang mit einer Person, der aktive Einsatz von visuellen Hilfsmitteln und das Vorführen führen ebenfalls zu einem positiven Lerneffekt. Der Unterricht sollte möglichst viel Neues enthalten.

Um die Reaktionsgeschwindigkeit und die Fähigkeit, den Flug des Balls zu beobachten, zu entwickeln und zu verbessern, können die folgenden Übungen verwendet werden:

1. Der Trainer (oder Partner) ändert ständig das Tempo der Schläge und die Geschwindigkeit des Balls. Der trainierte Athlet reagiert in einem bestimmten Tempo, zB alle Bälle werden von ihm nur genau am höchsten Punkt des Ballrückpralls reflektiert (oder erst ab einem halben Flug, oder nur auf einen fallenden Ball etc.). Die Übung kann kompliziert sein: Beispielsweise wird eine Aufgabe gestellt - bei einer bestimmten Ballfluggeschwindigkeit in einem konditionierten Tempo zu antworten (z. B. auf alle schnellen Schläge - mit Schlägen am höchsten Punkt des Rückpralls des Balls zu antworten und für alle langsam fliegenden Bälle - mit halbfliegenden Schüssen usw.).

2. Der Trainer (oder Partner) ändert ständig die Art der Drehung, die Fluglänge des Balls, die „geschnittenen" Bälle wechseln sich mit Rollen, Untersetzern und flachen Schlägen ab. Gleichzeitig muss der Trainierende auf all diese Schläge mit präzisen Ballschlägen in einem gleichmäßigen Tempo reagieren. Die Übung kann kompliziert und abwechslungsreich gestaltet werden, indem angeboten wird, auf eine bestimmte Art von Rotation mit einer bestimmten Art von Vergeltungsschlag zu reagieren. So ist beispielsweise vorgeschrieben, dass der Athlet auf alle geclippten Bälle mit Top Spin, auf alle Schläge mit Top Rotation – Gegenrollen usw. – reagieren muss. Das Training der Reaktionsschnelligkeit auf eine Veränderung des Rotationscharakters ist wesentlich ergiebiger und interessanter, wenn die Bedingtheit der Reaktionshandlungen nicht abstrakt, sondern taktisch orientiert ist.

3. Der Trainer (oder Partner) schickt Bälle mit unterschiedlicher Flugrichtung und schafft gleichzeitig die schwierigsten Bedingungen für die Reaktion des Schülers - die Richtung des Balls ändert sich willkürlich mit jedem Schlag. Gleichzeitig werden leichtere Bedingungen für den Trainer (Partner) geschaffen, ihn zu schlagen – die Bälle werden ihm auf seiner stärksten Seite zugeschickt. Der

Trainer (Partner) muss bei dieser Übung maximalen Einfallsreichtum und, ich würde sagen, Witz bei der Wahl der Schlagrichtungen zeigen. Nur nicht standardmäßige, "nicht gestempelte" Bewegungen (die schwer vorherzusagen sind) tragen wirklich zur Verbesserung der Beobachtung und Reaktionsgeschwindigkeit auf eine Änderung der Flugrichtung des Balls bei. Gleichzeitig ist zu bedenken, dass die größte Schwierigkeit oft nicht so sehr darin besteht, dass sich Bälle in verschiedene Richtungen abwechseln, sondern unerwartet wiederholte Schläge an derselben Stelle.

Übungen zum Ändern der Flugrichtung des Balls können (und sollten) abwechslungsreich und kompliziert sein, indem Sie dem Auszubildenden im Voraus zusätzliche Schwierigkeiten setzen: Sie können beispielsweise das Netz absenken, wodurch die Aktionen des Trainers (Partner) geschärft werden. , heben Sie den Ball speziell auf eine größere Höhe, damit der Trainer (oder Partner) mit mehr Kraft schlagen kann.

Beim Training der Reaktion auf eine Änderung der Flugrichtung des Balls steigen die Anforderungen an die Beobachtung des Balls im Moment seines Kontakts mit dem gegnerischen Schläger. Denn wenn die Geschwindigkeit und Art der Rotation des Balls nicht nur mit Hilfe eines visuellen Analysators, sondern beispielsweise auch mit Hilfe eines auditiven Analysators beurteilt werden kann, dann bei der Bestimmung der Flugrichtung des Balls, er (der Ball) muss so früh wie möglich gesehen werden, nur dies bestimmt die richtige Wahl der Reaktionshandlungen.

Die Wirksamkeit aller oben genannten Übungen nimmt stark zu, wenn sie sich dem Spiel- und Wettbewerbsumfeld nähern. Äußerst effektiv ist das Spiel auf den

Score, bei dem ein Athlet in jede Richtung angreift und der andere alle Bälle auf eine bestimmte Tischhälfte schickt, während das gesamte Spiel, einschließlich Aufschlägen, gegengerollt wird. Die Praxis zeigt, dass bei einer solchen Spielübung ein Handicap von sieben bis acht Punkten ausreicht, um die Spielbedingungen zweier annähernd gleicher Spieler anzugleichen.

Es ist ziemlich schwierig, das Training aller Arten von Reaktionen gleichzeitig zu kombinieren (die Geschwindigkeit des Balls zu ändern, die Art der Rotation zu ändern, die Flugrichtung des Balls zu ändern), ist ziemlich schwierig, daher sollten Sie schrittweise trainieren einzelne Reaktionstypen, führen Sie dann Übungen in den Trainingsprozess ein, die das Training von zwei Reaktionstypen kombinieren - in verschiedenen Kombinationen, und fahren Sie erst danach mit einem komplexen Training der Reaktionsgeschwindigkeit fort.

Das Erweitern und Verbessern der Methoden des Trainings der Reaktionsschnelligkeit und der Beobachtungsfähigkeit des Balles und der Vorbereitungsaktionen des Gegners ist eine der Hauptverbesserungsmöglichkeiten im Tischtennis, einem Spiel, bei dem die ZEIT des Schlagabwehrs immer mehr zunimmt entscheidender Faktor.

Die Einzigartigkeit der Tischtennis-Technologie meines Autors liegt zum einen darin, dass sie es ermöglicht, sowohl die Groß- als auch die Feinmotorik der Muskeln zu verbessern, das Schultergelenk, den Bizeps, den Trizeps sowie die Muskeln der Hände zu stärken , es hat eine komplexe heilende Wirkung. Zweitens können mit dieser einzigartigen Technologie des Autors Trainings für verschiedene Gruppen von Sportlern durchgeführt werden, da sie sich auf die Steigerung der Reaktionsgeschwindigkeit auswirken. Auszubildende können Boxer und Kickboxer sein, die professionell auftreten und regelmäßig ihre Reaktionen trainieren. Zu beachten ist, dass derzeit die schnellste Sportart Tischtennis ist, da hier die höchsten Geschwindigkeiten während des Spiels erreicht werden. Dies weist nicht nur auf die Einzigartigkeit, sondern auch auf die weite Verbreitung des Tischtennissports hin.

Wenn ein Spieler ständig das Gesamtbild des Spiels im Auge behält und die Punkte in der Punktzahl zählt – er coacht, geht er mögliche Taktiken durch, während er immer noch ständig den Ball beobachtet, ihn nicht einmal für einen Bruchteil aus den Augen verliert eine Sekunde, und das Spiel geht mit unglaublicher Geschwindigkeit weiter. Höchste Aufmerksamkeitskonzentration ist ein notwendiger Bestandteil des Erfolgs im Tischtennis. Daher wird Kindern empfohlen, regelmäßig Tischtennis zu spielen, um ihre Aufmerksamkeit zu steigern.

LISTE DER VERWENDETEN LITERATUR, PATENT- UND LIZENZINFORMATIONEN

ANHANG 1

US-Patent **10.065.068**
Wilson **4. September 2018**

Verstellbares Rehabilitationsgerät für das Sprunggelenk

Abstrakt

Verschiedene Ausführungsformen stellen eine einstellbare Knöchelrehabilitationsvorrichtung zum Rehabilitieren von gerissenen Bändern bereit, die mit einem verstauchten Knöchel verbunden sind. Die Rehabilitationsvorrichtung kann eine ebene Plattform, die an einem Schuh befestigt ist, und eine Ausgleichsschiene umfassen, die einstellbar an der Unterseite der Plattform angebracht ist und sich von vorne nach hinten erstreckt. Die Ausgleichsschiene ist so konfiguriert, dass sie selektiv eine gewünschte Menge an Belastung auf den medialen Muskel oder alternativ auf den lateralen Muskel ausübt, indem die Ausgleichsschiene von Seite zu Seite eingestellt wird. Die Vorrichtung kann einstellbare Befestigungselemente umfassen, um die Ausgleichsschiene an einer gewünschten Position neben dem Boden der Plattform zu befestigen.

ANLAGE 2

US-Patent **9.616.283**
Heinecket al. **11. April 2017**

Therapiegerät

Abstrakt

Durch die Verwendung von Fußplatten und Führungsschienen mit betriebsmäßig nachführenden Oberflächen mit niedrigem Reibungskoeffizienten, die von einer Plattform getragen werden, wird eine therapeutische Vorrichtung mit geringer Belastung bereitgestellt. Die Vorrichtung umfasst einen Schienenstabilisator, der mit einer sich in Längsrichtung erstreckenden Aussparung oder einem Schlitz und einer verschiebbar montierten Fußplatte ausgestattet ist, die an ihrer Unterseite einen Längsvorsprung aufweist, der verschiebbar in der Schienenaussparung gehalten wird. Das therapeutische Gerät kann so ausgelegt sein, dass es unter einer relativ mühelosen Belastung bei einem niedrigen Reibungskoeffizienten arbeitet. Das therapeutische Gerät ist nützlich für Knieersatz, Schlaganfallopfer, ACL-Reparatur und andere therapeutische Behandlungen, die eine nominelle anfängliche Bewegungsanstrengung für die Rehabilitation erfordern. Das Gerät kann als ein- oder zweifüßiges Gerät mit geringem Gewicht bereitgestellt werden, das besonders nützlich in einer sitzenden oder liegenden Patientenposition ist.

ANHANG 3

US-Patent **9.532.916**
Tsuiet al. **3. Januar 2017**

Tragbares Krafthilfsgerät für die Handrehabilitation

Abstrakt

Ein tragbares Krafthilfsgerät für die Handrehabilitation umfasst eine Handstütze mit einer äußeren Plattform und einer inneren Plattform, die mit der äußeren Plattform verbunden und von dieser nach innen beabstandet ist. Fünf Fingeranordnungen sind einstellbar an dem distalen Ende der externen Plattform angebracht und erstrecken sich von diesem. Jede Fingeranordnung umfasst eine proximale Mitnehmeranordnung für ein metakarpophalangeales Gelenk. Fünf Motoren werden verwendet, um jeweils die fünf Fingeranordnungen zu betätigen. Jeder Motor ist in unmittelbarer Nähe der externen Plattform montiert und hat ein Ende, das mit der externen Plattform verbunden ist, und ein anderes Ende, das mit seiner proximalen Mitnehmeranordnung durch ein Kugelgelenk gekoppelt ist, um die Kraftübertragung zu erleichtern und die mechanische Belastung auf die anderen Teile des Motors zu minimieren Gerät.

ANHANG 4

US-Patent **7.255.619**
Rasmussen **14. August 2007**

Wassergerät mit variablem Widerstand und Verfahren zu seiner Verwendung

Abstrakt

Ein Wassergerät ist in einer Wasserumgebung für eine Vielzahl von Zwecken verwendbar, wie zum Beispiel physikalische Therapie, Rehabilitation und/oder körperliche Betätigung. Das Wassergerät ermöglicht es einer Person, einen Geh- oder Laufgangzyklus in der Wasserumgebung zu simulieren, wodurch die mit dem Gehen oder Laufen auf dem Boden verbundene Belastung/Belastung verringert wird. Ein Wassergerät umfasst ein Fußaufnahmeelement, das drehbar mit einem Flossenelement gekoppelt ist. Wenn sich das Flossenelement in einer ausgefahrenen Position befindet, bietet es einen erhöhten Widerstand, wenn die Person versucht, in der aquatischen Umgebung zu gehen oder zu laufen. Während eines Gehens oder Laufens bewegt sich das Flossenelement in eine gefaltete Position, wodurch der Widerstand des Wassers auf dem Wassergerät verringert wird. Das Wassergerät ist anpassbar und modifizierbar, um unterschiedliche Formen, Designs, Größen, Widerstandsniveaus und/oder andere Aspekte aufzuweisen.

ANHANG 5

US-Patent **6.056.613**
Pike **2. Mai 2000**

Mehrzweck-Schwimmgerät für Erholungs-, Trainings-, Schulungs- und Rehabilitationszwecke

Abstrakt

Wassergymnastikgeräte, eine seit kurzem populäre Form der Übung und Therapie, bieten dem Körper aufgrund ihrer Nutzung des Wasserwiderstands und ihres

Auftriebs einzigartige Betriebsbedingungen. Durch die richtige Nutzung des Wasserwiderstands können solche Geräte dem Körper ein hervorragendes Muskel- und Herz-Kreislauf-Training bieten, gleichzeitig eliminiert der von diesen Geräten gebotene Auftrieb den Stress und die Verletzungen, die mit den erschütternden Auswirkungen von Übungen an Land wie Laufen und Aerobic verbunden sind . Es ist auch eine Aufgabe der vorliegenden Erfindung, ein Wasserübungsgerät bereitzustellen, das eine einzelne Einheit ist. Der Erfinder begann 1995 aus gesundheitlichen Gründen mit dem Besuch eines Wassergymnastikkurses. Das Training im Wasser nahm den größten Teil der Schmerzen aus der Bewegung, aber die Erfinderin stellte fest, dass sie sich immer noch verletzte. Sie strebte danach, einen wahrhaft schwerelosen Zustand zu erreichen, in dem sie ihren Körper konditionieren konnte. Sie probierte die verschiedenen Geräte aus, die von der Poolanlage bereitgestellt wurden, aber keines erwies sich als effektiv, um ihr das belastungsfreie Training zu ermöglichen, das sie unbedingt finden wollte. Mit einem zu lösenden Problem experimentierte, veränderte und entwarf der Erfinder eine neue und verbesserte Schwimmvorrichtung, die sich in ihrer Anpassbarkeit an zahlreiche Anwendungen einzigartig unterscheidet. Eine einzigartig unterschiedliche Schwimmvorrichtung dieser Erfindung geht über die restriktiven Gestaltungen des Standes der Technik hinaus, die dafür ausgelegt sind, den einen oder anderen Aspekt der aquatischen Sicherheit, Übung, Rehabilitation oder Erholung anzusprechen. Diese Erfindung passt sich der Verwendung in einer Vielzahl von Ausdrücken aus dem Wasser-Yoga an, einer einzigartigen Synergie aus alter östlicher Kultur und moderner Technologie; zu Aqua-Aerobic-Übungen, die kardiovaskuläre Verbesserungsaktivitäten beinhalten; Rehabilitation von körperlichen Verletzungen oder Krankheiten; sowie die grundlegenden Aspekte der Wassersicherheit und das Erlernen des Schwimmens. Schwimmgerät für verschiedene Übungs-, Unterrichts-, Rehabilitations-, Therapie- und/oder Erholungszwecke; Diese Erfindung bietet eine Schwimmunterstützung wie kein anderes Produkt auf dem Markt aufgrund ihres einzigartigen Designs und ihrer Flexibilität und der vielfältigen Möglichkeiten, auf die sie verwendet werden kann. Mit dieser Erfindung ist es möglich, auf dem Rücken zu schweben und sich durch verschiedene Wasser-Yoga-Entspannungsbewegungen und Dehnungen zu bewegen; fahren Sie es wie einen Fahrradsitz; setze dich darauf wie auf eine Schaukel; Wickeln Sie es um den Oberkörper und befestigen Sie es für Tiefwassertraining und / oder für diejenigen, die sich im Wasser unwohl fühlen, aber aus Gesundheits- und / oder Rehabilitationsgründen einsteigen müssen; halte es mit den Händen; schieben Sie es unter die Arme, von vorne nach hinten oder von hinten nach vorne; alles, um sich durch verschiedene Übungen für Gesundheit, Rehabilitation und Spaß zu bewegen. Die Variation wird verwendet, um eine überlegene Flotation in einem Clip-on-Stil zu bieten. Wenn diese Erfindung um den Torso, die Brust und um den Nacken herum befestigt ist, erhält der Träger eine handfreie Stütze. Während er die Erfindung trägt, kann der Träger nach vorne schweben, um zu schwimmen und Bewegungen zu lernen; Treten Sie Wasser in einer aufrechten Position; und/oder in Rückenlage schweben; alle mit vollständiger Bewegungsfreiheit der Gliedmaßen und/oder des Oberkörpers. Diese Variation der Erfindung kann beim Schwimmunterricht, der Schwimmbeckensicherheit, der Rehabilitation, der Erholung, dem Unterricht und der allgemeinen Schwimmbeckensicherheit verwendet werden. der Träger erhält eine handfreie Unterstützung. Während er die Erfindung trägt, kann der Träger nach vorne schweben, um zu schwimmen und Bewegungen zu lernen; Treten Sie Wasser in einer aufrechten Position; und/oder in Rückenlage schweben; alle mit vollständiger Bewegungsfreiheit der Gliedmaßen und/oder des Oberkörpers. Diese Variation der Erfindung kann beim Schwimmunterricht, der Schwimmbeckensicherheit, der Rehabilitation, der Erholung, dem Unterricht und der allgemeinen Schwimmbeckensicherheit verwendet werden. der Träger erhält eine handfreie Unterstützung. Während er die Erfindung trägt, kann der Träger nach vorne schweben, um zu schwimmen und Bewegungen zu lernen; Treten Sie Wasser in einer aufrechten Position; und/oder in Rückenlage schweben; alle mit vollständiger Bewegungsfreiheit der Gliedmaßen und/oder des Oberkörpers. Diese Variation der Erfindung kann beim Schwimmunterricht, der Schwimmbeckensicherheit, der Rehabilitation, der Erholung, dem Unterricht und der allgemeinen Schwimmbeckensicherheit verwendet werden.

ANHANG 6

US-Patent	**5.476.429**
Bigelowet al.	**19. Dezember 1995**

Laufband zur Verwendung mit einem Rollstuhl

Abstrakt

Ein Trainingsgerät für den Insassen eines Rollstuhls, der als Laufband dient und für Herzbelastungstests, Herz- oder Schlaganfallrehabilitation, Fitnesstraining, Aerobic-Training oder Lern-/Körperspiele verwendet werden kann, wobei das Gerät eine im Allgemeinen geneigte Rampe mit parallelen Seiten umfasst, einen vorderen Eingangsabschnitt, einen beweglichen Rollwagen, der auf Schienen an den Seiten der Rampe montiert ist, wobei der Rollwagen ein Paar seitlich beweglicher Laufrollenaufnahmeplatten mit Öffnungen zur Aufnahme der vorderen Laufrollen eines Rollstuhls und Winkelstangen aufweist, die mit den Antriebsrädern des Rollstuhls zusammenwirken Einstellen des seitlichen Abstands der Platten, Verriegelungsmittel für den Dolly, um ihn in seiner vorderen Position zu halten, separate Verriegelungsmittel, um den Dolly in seiner hinteren Position zu verriegeln, wenn ein Rollstuhl auf die Rampe in Betriebsposition bewegt wurde,ein Paar vergrößerter Öffnungen angrenzend an die Hinterkante der Rampe und ein Paar längsbeweglicher Rollen unterhalb der Rampe und bewegbar zwischen einer hinteren eingefahrenen Position, die eine teilweise Aufnahme der Antriebsräder des Rollstuhls in den Öffnungen ermöglicht, und einer vorderen Position unter den Antriebsrädern um die Antriebsräder in Eingriff zu bringen und anzuheben, so dass der Benutzer die Antriebsräder des Rollstuhls manuell drehen kann, um die Rollen zu drehen und Signale an eine Steuervorrichtung für die gewünschte Art von Training, Prüfung oder Rehabilitation zu liefern.und ein Paar in Längsrichtung beweglicher Rollen unter der Rampe, die zwischen einer hinteren eingezogenen Position, die eine teilweise Aufnahme der Antriebsräder des Rollstuhls in den Öffnungen ermöglicht, und einer vorderen Position unter den Antriebsrädern bewegbar sind, um mit den Antriebsrädern in Eingriff zu kommen und sie anzuheben, so dass der Benutzer dies manuell tun kann die Antriebsräder des Rollstuhls drehen, um die Rollen zu drehen und Signale an eine Steuervorrichtung für die gewünschte Art von Training, Prüfung oder Rehabilitation zu liefern.und ein Paar in Längsrichtung beweglicher Rollen unter der Rampe, die zwischen einer hinteren eingezogenen Position, die eine teilweise Aufnahme der Antriebsräder des Rollstuhls in den Öffnungen ermöglicht, und einer vorderen Position unter den Antriebsrädern bewegbar sind, um mit den Antriebsrädern in Eingriff zu kommen und sie anzuheben, so dass der Benutzer dies manuell tun kann die Antriebsräder des Rollstuhls drehen, um die Rollen zu drehen und Signale an eine Steuervorrichtung für die gewünschte Art von Training, Prüfung oder Rehabilitation zu liefern.

ANHANG 7

Patentanmeldung der Vereinigten Staaten	**20130261514**
Art-Code	**A1**
TSUI; Michael Kam Fai; et al.	**3. Oktober 2013**

TRAGBARES ELEKTRISCHES UNTERSTÜTZUNGSGERÄT FÜR DIE REHABILITATION DER HAND

Abstrakt

Ein tragbares Krafthilfsgerät für die Handrehabilitation umfasst eine Handstütze mit einer äußeren Plattform und einer inneren Plattform, die mit der äußeren Plattform verbunden und von dieser nach innen beabstandet ist. Fünf Fingeranordnungen sind einstellbar an dem distalen Ende der externen Plattform angebracht und erstrecken sich von diesem. Jede Fingeranordnung umfasst eine proximale Mitnehmeranordnung für ein metakarpophalangeales Gelenk. Fünf Motoren werden verwendet, um jeweils die fünf Fingeranordnungen zu betätigen. Jeder Motor ist in unmittelbarer Nähe der externen Plattform montiert und hat ein Ende, das mit der externen Plattform verbunden ist, und ein anderes Ende, das mit seiner proximalen Mitnehmeranordnung durch ein Kugelgelenk gekoppelt ist, um die Kraftübertragung zu erleichtern und die mechanische Belastung auf die anderen Teile des Motors zu minimieren Gerät.

ANHANG 8

Patentanmeldung der Vereinigten Staaten	**20120329611**
Art-Code	**A1**
Bouchard; Markus; et al.	**27. Dezember 2012**

Motorisiertes Unterkörper-Rehabilitationsgerät und Verfahren

Abstrakt

Offenbart ist ein motorisiertes Rehabilitationsgerät und -verfahren für behinderte, beeinträchtigte oder verletzte Personen, das einen richtigen Gang trainiert, die Durchblutung erhöht, Stress abbaut und Muskeln und Gelenke des Unterkörpers rekonditioniert. Die Vorrichtung umfasst ein angetriebenes stationäres Fahrrad mit einem Sitz, Lenkergriffen und rotierenden Fußpedalen, die eine Bewegungseingabe von einem Elektromotor und eine Benutzereingabe erhalten. Die Vorrichtung umfasst ferner ein Paar Oberschenkelstützen, die zwischen den

Oberschenkeln des Benutzers über ein gelenkiges Glied und eine Kette miteinander verbunden sind, die die Gliedmaßen einer Person durch die Pedaldrehung steuert und trainiert. Das offenbarte Verfahren kombiniert ferner das vorliegende Fahrradgerät zur Rehabilitation in Verbindung mit visuellen Stimuli in Form einer dreidimensionalen Fernsehanzeige, die Endorphine stimuliert,

ANHANG 9

Patentanmeldung der Vereinigten Staaten	**20070093153**
Art-Code	**A1**
Rasmussen; Scott K.	**26. April 2007**

Wassergerät mit variablem Widerstand und Verfahren zu seiner Verwendung

Abstrakt

Ein Wassergerät ist in einer Wasserumgebung für eine Vielzahl von Zwecken verwendbar, wie zum Beispiel physikalische Therapie, Rehabilitation und/oder körperliche Betätigung. Das Wassergerät ermöglicht es einer Person, einen Geh- oder Laufgangzyklus in der Wasserumgebung zu simulieren, wodurch die mit dem Gehen oder Laufen auf dem Boden verbundene Belastung/Belastung verringert wird. Ein Wassergerät umfasst ein Fußaufnahmeelement, das drehbar mit einem Flossenelement gekoppelt ist. Wenn sich das Flossenelement in einer ausgefahrenen Position befindet, bietet es einen erhöhten Widerstand, wenn die Person versucht, in der aquatischen Umgebung zu gehen oder zu laufen. Während eines Gehens oder Laufens bewegt sich das Flossenelement in eine gefaltete Position, wodurch der Widerstand des Wassers auf dem Wassergerät verringert wird. Das Wassergerät ist anpassbar und modifizierbar, um unterschiedliche Formen, Designs, Größen, Widerstandsniveaus und/oder andere Aspekte aufzuweisen.

ANHANG 10

Patentanmeldung der Vereinigten Staaten	**20060211937**

Art-Code	**A1**
Eldridge; Robert	**21. September 2006**

Kleidungsstück zur Erleichterung der Verwendung eines tragbaren Monitorgeräts

Abstrakt

Ein Kleidungsstück, das dazu konfiguriert ist, ein tragbares medizinisches Gerät zu halten, und insbesondere ein modifiziertes Oberkleidungsstück, um einen Herzmonitor zu halten, zu sichern und zu verbergen, während es einen einfachen und unauffälligen Zugang zu kardialen Ableitungspunkten an einem Patienten ermöglicht. Das Kleidungsstück hat eine Außentasche für einen Monitor. Es hat ferner eine Vielzahl von Öffnungen, um das Anbringen von Überwachungskabeln an einem Patienten zu ermöglichen, ohne dass das Kleidungsstück entfernt werden muss. Die Öffnungen können auch Verschlussmittel aufweisen. Das Kleidungsstück bietet Bescheidenheit, Komfort, Haltbarkeit und ein attraktives Aussehen. Das Kleidungsstück kann für die Verwendung in allen Herzrehabilitationssituationen, einschließlich Belastungs- und Belastungstests, konfiguriert werden. Das gesamte Kleidungsstück besteht aus röntgentransparenten Materialien.

ANHANG 11

Patentanmeldung der Vereinigten Staaten	**20060142680**
Art-Code	**A1**
Jarokken; Michael Anton	**29. Juni 2006**

Aktive Unterstützung für Sprunggelenk, Knie und andere menschliche Gelenke

Abstrakt

Ein menschliches Gelenkunterstützungsgerät, das ein Drehmoment auf das Gelenk ausübt, um die physiologischen Belastungskräfte zu unterstützen, d. h. die lasttragende Aufgabe des Gelenks und der umgebenden Muskeln, Sehnen und Bänder. Die Anwendung dieses Geräts reduziert den physiologischen

Kraftaufwand und kann in Bezug auf die Unterstützungsstufe angepasst werden, um dem Problem der Gelenkbewegung gerecht zu werden, und ist nützlich für die Gelenkrehabilitation und sportliche Aktivitäten. Dies führt unter anderem zu einer Verringerung der körperlichen Kraftanstrengung in einer Weise, die es erleichtert, die mit der Streckung verbundenen Hebel (Röhrenknochen) gegen einen gegebenen Widerstand zu strecken. Zum Beispiel reduziert das Aufstehen aus einer geduckten Position mit Hilfe dieses Geräts die Belastung der physiologischen Glieder, die mit der Gelenkartikulation verbunden sind.

ANHANG 12

Patentanmeldung der Vereinigten Staaten	**20180001172**
Art-Code	**A1**
SUTTA; Peter; et al.	**4. Januar 2018**

STRUKTUR DES ZUBEHÖRELEMENTS FÜR DIE AUSSTATTUNG EINES FLOOBALL-TRAININGSPLATZES UND DEREN VERWENDUNG ZUR BILDUNG EINES FLOOBALL-SIMULATORS

Abstrakt

Die Erfindung bezieht sich auf die Ausrüstung der Trainingsbahn für Unihockey, die Herstellung von Strukturelementen für Übungsgeräte unter Anwendung des Konzepts der Bespannung von Tennisschlägern. Vorgeschlagene Konstruktion eines Hilfselements für eine Floorball-Spielfeldanordnung, dadurch gekennzeichnet, dass es als Gitterwerk hergestellt ist, das gebildet wird durch: zwei parallele Endplatten; mehrere Gewindestangen als Versteifungselemente; zwei elastische Schnurstrukturen, die in zwei parallelen Ebenen angeordnet sind, wobei jede davon eine Seite des erwähnten Gitterwerks darstellt und versehen ist mit: – Löchern zum Befestigen von Gewindestangen, die Steifigkeit und Tragfähigkeit der Hilfselement-Rahmenstruktur gewährleisten; --Löcher für kreuz und quer verlaufende Besaitung in zwei parallelen Ebenen und Saitenbefestigung an den genannten Endplatten unabhängig voneinander.

ANHANG 13

Patentanmeldung der Vereinigten Staaten	**20160296815**
Art-Code	**A1**
Pindrik; Michael	**13. Oktober 2016**

Mehr zu Bouncing Ball

Abstrakt

Leicht zu montierendes und zu demontierendes Spielgerät, das es einem einzelnen Spieler ermöglicht, ein mit Tennis und/oder Tischtennis vergleichbares Spiel in einer Umgebung mit begrenztem Platz zu spielen. Das vorgeschlagene Spielgerät ermöglicht auch einem einzelnen Spieler, seine oder ihre Fähigkeiten zu perfektionieren.

ANHANG 14

Patentanmeldung der Vereinigten Staaten	**20070238561**
Art-Code	**A1**
Hu; Liang Fa	**11. Oktober 2007**

Struktur eines Spielzeug-Tennisschlägers

Abstrakt

Struktur des Spielzeug-Tennisschlägers, die hauptsächlich die Zusammensetzung der Schlagfläche des Spielzeug-Tennisschlägers verbessert; Es spannt eine Schnur, die auf einer Seite klebend ist, über Löcher um den Kopf des Tennisschlägers in horizontaler und longitudinaler Richtung, um ein Netzwerk zu bilden, so dass eine Seite dieses Netzwerks eine klebende Seite und eine andere Seite die Schlagfläche ist; Eine solche Kombination macht das Schlaggesicht eines Spielzeug-Tennisschlägers, der aufgrund des flexiblen Netzwerks eine Rückprallkraft erzeugen kann, außerdem kann ein solcher Schläger den besten Belüftungseffekt bieten, um den Windwiderstand zu verringern, Sie können den Ball leicht schlagen, als ob Sie mit einem echten Tennisschläger spielen würden.

Printed by Books on Demand GmbH, Norderstedt / Germany